von einer die auszog das finden zu suchen

Gedichte und Kurzgeschichten

schreibe ich, seit ich 13 Jahre alt bin.
Das Schreiben ist für mich eine der schönsten Möglichkeiten,
die Seele baumeln und fliegen zu lassen –
mir selbst wieder Raum in mir zu geben und mich auf der
Suche nach der eigenen Verschwendung zu finden.
Ich erzähle niemanden etwas Neues.
Alles wurde schon gedacht, gesagt, gefühlt, gelebt...

Dennoch.

Ist nicht jedermanns Geschichte wert, erzählt zu werden?
Wir suchen doch immer in dem anderen uns selbst.
Den Spiegel.

Meine Gedichte wollen Spiegel sein.

PROGRESSION

Erstausgabe Dezember 1999

PROGRESSION Publishing, Köln

ISBN 3-00-005340-9
Coverfoto: Sylke Gall
Druckerei: Z.B.! Kunstdruck

Danke

Jürgen Schmitt

Behrang Dadkhah
Mama
RTL
Grundy Ufa
Bavaria
Z.B.!
ISBN
Palermo
dem Leser.

Dem Leben.

Nur

wenn ich in mir finde
was ich draußen suche
habe ich die Chance
daß jemand in mir findet
was er draußen sucht

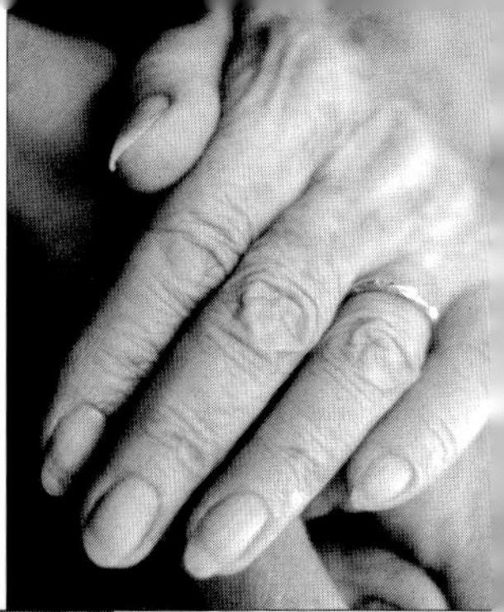

Immer da

Ewige unschlagbare Geduld. Denkt sie je an sich?
Gibt es ihre Augen überhaupt?
In unzähligen Momenten des Trostes wissend – nicht Erfahrung noch Alter – nur und immer wieder nur ihr unglaublich großes Herz erweckt das Gefühl einer großen, weichen Wolldecke.

Ich vermisse Dich.

Ach Großmütterchen

Hast harte Tage
gegen weiches Brot getauscht.
Lange Fußmärsche
gegen Nähseide und Zwirn.
Liebe
gegen ein Dach über'm Kopf.
Verzicht
gegen drei Kinder.
Hast Trost gespendet
trotz eigener Trauer.
Deinen Mann
gegen Einsamkeit.
Den Tod
gegen das Leben.

Verrückt

DIESE WELT FÜR VERRÜCKTE

DER VERRÜCKTEN
DIESE
VER
RÜCKTE WELT

DIESE VERRÜCKTE

Beim Treppeputzen

am Nachmittag
fliegen mir die Schaumkronen
des Abwaschwassers ins Gesicht
viele kleine Schiffe
kreuzen die Spülschüssel
tote Fliegen
wiegen sich unter Wasser
den Hintern im Himmel
die Nase dicht über dem Boden
meine typische Haltung
denke ich.

Mann...man...Mann

Man sieht sich
Mann –
sieht sich –
Mann –
sieht mich
Man sieht mich
Mann –
sieht mich nicht
Mann –
sieht sich!
Man sieht sich.

Süße Träume

Die Tage ohne dich
mit Treets-Schokoklickern
werden zu Alpträumen
in Caramel
mit Nuß...

Fast nichts

Es war Herbst. Alles war eigentlich wie immer.
Und doch – eben doch nicht.
Danach war alles anders, und doch –
eben doch nicht.
Ich habe einfach weiter gemacht. Wie immer.
Und doch – eben doch nicht.

Mißglückte Trennung

Ich riß

die Fotos von den Wänden
zerbrach deine Bilderrahmen
zerriß deine Hemden und Hosen
zertrat deine Schallplatten
wollte mir das Herz herausschneiden

fand keine Schere

Vergleichlos

Da war eine Stille
so weit
ich holte sie
heran
und kroch hinein
in das Loch
welches keines war
tötete die Kälte in uns
mit einem Dolch
es rann kein Blut
doch heiß erschien mir
die Sehnsucht
in Augen
und allem
was sich regt
nackt
im Takt der Musik
und wir in uns
vergleichlos...

Freundschaft

Die Geschichte
ist weitergegangen
obwohl du sie beendet hast
bei einer Begegnung
wissen wir beide
wir sind noch nicht zu Ende
und nach vielen Jahren ohne uns
könnten wir jeden Moment
neu
beginnen

Oft zu viel

Spiralförmig ziehen Leben an uns vorbei.
In Bewegung jedoch begreifen wir schnell,
alle sind wichtig und dennoch entbehrlich.
Es ist ein ständiges Suchen, Finden und Loslassen.
Abschied... immer präsent.

Wir brauchen und verbrauchen ihn.
Den Menschen.

Vergessen

von den meisten
die ich traf
vergaß ich
sogar den Namen.
Muß weiter
vorbei
muß es hinter mir lassen
das

Adreßbuch meines Lebens

Tagtägliche Kontrolle

über den Takt
den die Arme
passend zu den Beinen
schwingend beschreiben.
Ständige Überwachung
der außer Rand und Band
geratenen Gesichtsmuskel.
Manchmal –
in kleinen Momenten fortfliegen.
Hand in Hand
leises Schmunzeln
überfällt die Tränen.
Traumgewärmt
den Atem spüren.
Die Kraft
nicht aus dem Rahmen zu fallen
und am Felsen zu zerschellen.
Sich wiegen
unter Wasser.
Wir
in unseren zu groß geratenen Seifenblasen
die irgendwann zum Himmel sich erheben
ohne zu schwer
zu leblos zu sein.

Darum

Um deine Nähe zu spüren
deine Augen strahlen zu sehen
Um deinen Körper ertasten zu können
deine Seele zu berühren

Um deine Stimme zu hören
dich zu riechen
Um dich leicht zu betören
ganz in dich hineinkriechen

Wahrheit

Was ist es
das mich zwingt
ein großes Geheimnis
zu durchstoßen
mich
klar formulieren zu müssen
um mich
auszusetzen
preisgeben denen
die auf meinem Rücken
schon so manchen Kampf gefochten
in meinen Leib
schon so manchen Speer gestoßen
in meiner Seele
Krümel hinterlassen haben...

Manchmal

weiß ich nicht
was mich mehr schwindelig macht
die Gedanken an dich
oder die Ohnmacht der Tage
die
ohne dich
nach ihrem Sinn suchen

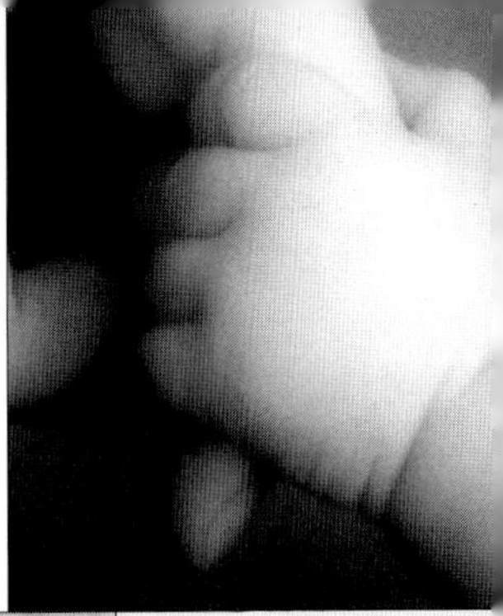

Wundervoll

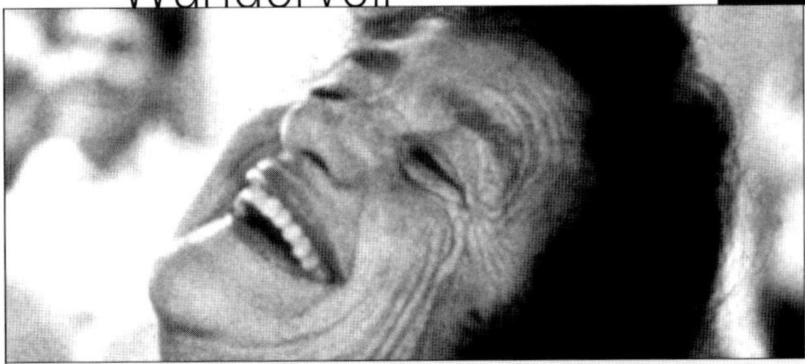

Das typische Frauenproblem

Wir müssen keine Emanzen sein,
um zu wissen, daß wir eh-frau-zipiert sind.
Nur eines ist uns zweifelhaft geschenkt.

Und das – meine Lieben – können eben nur wir.

Mutter

Als Mutter geboren
und auserkoren
im Leib zu tragen
und alles zu wagen
durch Liebe zu rennen
um dann zu verbrennen
sich zu bewähren
und Kinder gebären

Betrug

Kleines
hab doch keine Angst
die Mutti ist ja da.
Sie küßt dir sanft die Tränen weg
und streichelt durch dein Haar.
Kleines
mach die Augen zu
und träum von großen Seen...
erst wenn du fortgeschlafen bist
wird sie die Tasche nehm'
und gehn'.

Nebenan

Im gelb-grün-weiß sterilen Zimmer
in weißen Betten liegen Kranke
und überall hört man Gewimmer
jedoch im Nebenzimmer
im gelb-grün-weiß sterilen Roten
da dringt kein Laut zu uns herüber
vielleicht...
liegen ja da die Toten.

Leere

LEER

LEERLAUF

LEER LAUFE ICH

LEER LAUFE ICH AUS

LEER – LAUFE ICH AUS?

LEER LAUFE ICH?

LEER? LAUF!

LEERLAUF!

LEER!

Viel mehr

Da habe ich meinen Hut geschwenkt
bin lachend durch die unzähligen Straßen gelaufen
mit nichts
außer mir
und das war viel
mehr
als ich erwartet hätte
hab mich gebückt
nach den gefallenen Knospen
und oben
drohten die Dornen
mir die Seele zu zerreißen
unzählige Qualen gelitten
mit nichts
außer mir
und das war viel
mehr
als ich erwartet hätte

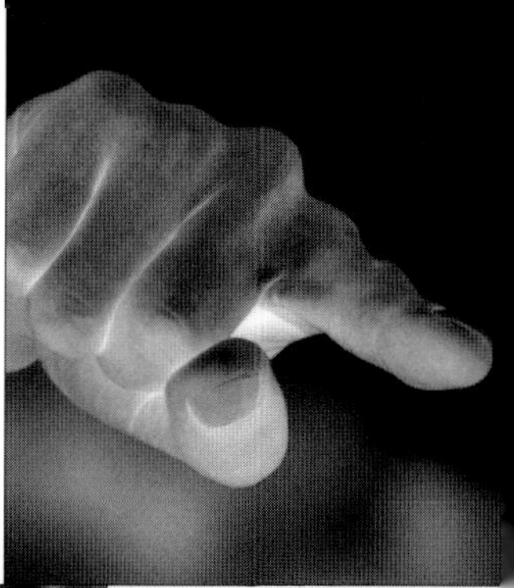

Lass mich sein

Diese, unsere Welt ist voller Begrenzungen,
STOP-Schilder und Verbote.
Haltung und Meinung sind in die letzte
Reihe gerückt.
Was scheinbar zählt ist,
mit dem Strom zu schwimmen,
gleich... wo er enden mag.
Entindividualisierung.
Wer wagt sich aufzuschwingen mit Flügeln,
zu bestimmen, was richtig ist und was falsch?

Irgendwann –
hört niemand mehr zu.

Belehrung

Du rechte Hand
die nach der linken oft gefaßt
um mit mir Hand in Hand
zu gehen
was bleibst du plötzlich
vor mir stehen
und faßt mich an der Nase an
so daß ich nichts mehr riechen kann
was hältst du mir die Augen zu
steckst mir den Finger in die Ohren –
versuchst dich wohl hineinzubohren?

A: Verzeihung – können Sie mir sagen, wie spät es ist?

B: Schauen Sie aus dem Fenster – draußen ist noch da!

...Bilder

Vor-bilder
sind
vor-ge-bildet
aber ob sie besser ge-bildet sind
ist die Frage

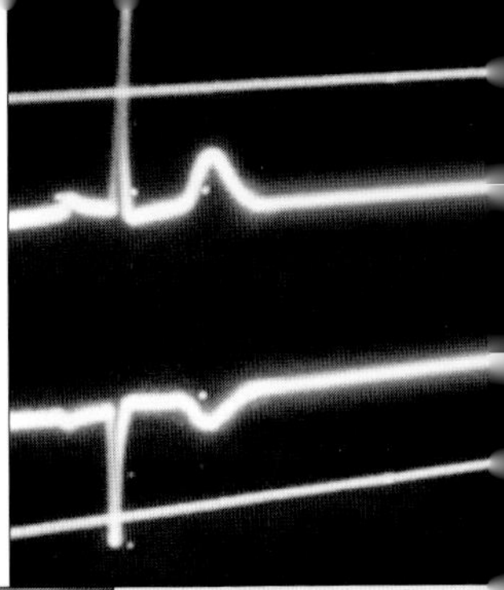

Rhythmus

Am Anfang wie am Ende steht man irgendwie allein da.
Die Frage ist, was bewegt uns dazwischen?

Hat man nicht immer die Chance, ein Stückchen des Weges gemeinsam mit Anderen zu gehen?

Freiwillig... jede Sekunde neu.

Es gibt Menschen
die
um überhaupt mit jemanden
im Takt gehen zu können
diesen an die Leine nehmen
müssen...

Angekommen

Je mehr ich mich von dir entferne
desto näher komme ich dir und deinem Wesen –
je weiter fort die Empfindungen
desto objektiver „du"

Wenn

der Mensch
in dem anderen
sich selbst liebt
ich
in dir
mich selbst liebe
wie kannst du behaupten
du liebst mich nicht
in dem Glauben
du liebst dich

Das

Das
wonach jeder sucht
wofür er blind ist
wenn er gefunden hat
weil es nicht den rechten Namen trägt.

Das
wonach ich suche
wofür ich blind bin
obwohl ich glaube
den rechten Namen zu kennen –
weil es mir zu wenig erscheint.

Einfach so

einmal mit dir die Nacht
oder den Tag
oder vielleicht
doch lieber auf einer Wiese
zwischen Rausch und Ägypten
oder besser allein
für den Moment
zusammensein –
einfach so.

Ich frage mich schon lange
was ich hoffe,
zu finden
auf der Suche
nach dem
was du mir geben könntest
was ich nicht selbst habe.
Du ruhtest Dich aus
während ich mich weiterzwang.
Du gründetest eine Familie
ich propagierte das Singledasein.
Wahrscheinlich war ich nie einsamer als du
es fühlte sich nur anders an.

Ich liebe Dich

weil du die Fähigkeit besitzt
mich nicht zu brauchen
auf mich zu verzichten
und dich
jeden Tag auf die Suche machst

nach mir

Daß

wir oft daran zweifeln
die Erde sei ein Rund –
eher in Betracht ziehen
sie sei eine Scheibe –
liegt wohl daran
daß wir eher bereit sind
uns mit dem Horizont zufriedenzugeben –
als uns
um unsere eigene Achse zu drehen

Erwachen

Der Morgen
hat die Nacht
zum Tag gemacht.
Verflogen ist die Beziehung
bevor sie begonnen hat.
Liege da
streichle meinen Körper
lausche
dem Echo deiner Schritte
im Hof.

Natürlich Nähe

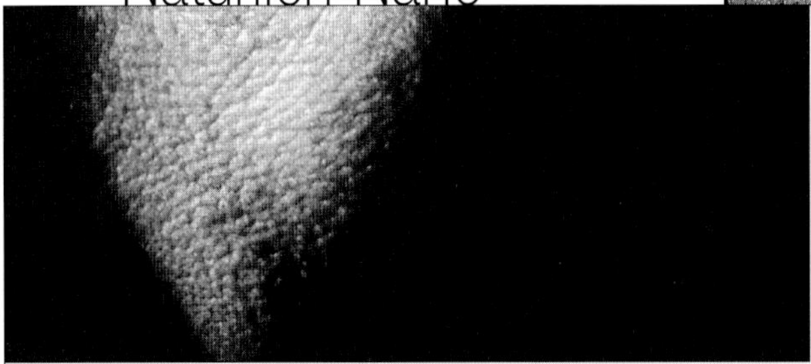

Viele Schichten gilt es zu durchdringen,
um zu uns zu kommen und bei uns zu sein.
Wie schwer das ist.
Zulassen – statt Fronten bilden.

Wer bereit ist, sich zu verschenken,
an dem tropfen die anderen auch nicht ab.

Bekenntnis

Gekühlt von deinem Atem
die Hände in den Schoß gefaltet
auf der Decke ruhend
der Stille lauschen.
Draußen regnet es.
Deine Träume träumend
die Gänsehaut erleben
das Sträuben der Haare
auf meiner Haut.
Draußen regnet es.
Dein Lachen lachend
die Hose voll
von unausgesprochenen Erzählungen
deinen Bewegungen folgend
das Zittern empfinden.
Draußen regnet es...

Zu spät

wachte ich auf
als daß ich hätte
all die Fragen in deinem Gesicht
all die Gedanken in deinem Hirn
all die Gefühle in deinem Bauch
all das hätte ich –
zu spät
wachte ich auf

Fatale Folgen

Der Gebrauch von Worten
Bildbeschreibung
Gefühlserklärung
Entzauberung der Emotion
hatte bei uns
fatale Folgen

Will zurück

Was die Nacht
aufgerissen hat
versuchen die Wogen
des Tages zu glätten
kein Bach
kein See
kein Meer
mehr
Beton
Zement
Stein
sein

Habe

die Flügel ausgebreitet
bin hochgeflogen
um mich von oben anzusehen
bin vor Schreck
heruntergefallen
und –
habe dennoch nichts geändert

Es tötet

Wut, Ohnmacht, Verzweiflung.

Wer nicht bereit ist,
verantwortlich mit dem Leben anderer umzugehen,
verdient keinen Respekt.

Doximicyclin

Irgendwann
werden mich
nur noch
die Mörder
der Erreger
erregen...

Ohne Worte

Sie schrauben Dübel
in mein Haupt
sie wissen ja
das ist erlaubt
und machen mir jetzt grausam klar
daß die
die ich vor Jahren war
gestorben ist an Illusionen.
„Die wollte doch auf Kreta wohnen
dort leben von den Zitrusfrüchten
und auf ner Wiese Schafe züchten.
Ach die
die ist schon längst gegangen
von Realismus eingefangen
hat sie nicht mehr an sich geglaubt."
Sie schrauben Dübel in mein Haupt.

Nein

Mein Kopf scheint nicht groß genug
um zu begreifen
meine Hände nicht stark genug
um zu halten
meine Tränen nicht schwer genug
mich zu zerschlagen
der Schlaf nicht tief genug
um zu vergessen.

Vis à vis

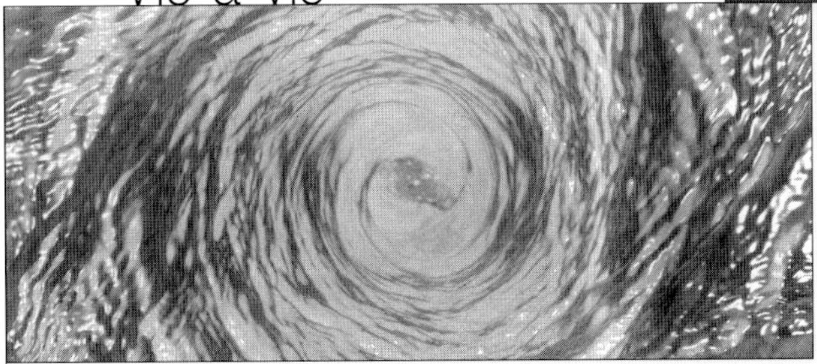

„Spieglein, Spieglein an der Wand,
wer ist die Schönste im ganzen Land?“

In einem Zeitalter, wo sich diese Frage eher stellt als die nach dem Inhalt, ist es nicht schwer zu begreifen, warum Menschen krank werden.

Wenn Skalpelle die Antwort sind –
gibt es für mich keine Fragen.

Guten Morgen... du Schöne

Angewidert
in den Spiegel gesehen
Falten gefunden
auf alter Haut
die roch
nach Aas und Cinnabar von Estée Lauder.
Gekotzt
auf der Toilette
in den schwarzen Ring
der Unendlichkeit der Spülung folgend.
Gewaschen
und einbalsamiert
mit schönen Gerüchen und Einsamkeit.
Angewidert
in den Spiegel gesehen
auf alter Haut
die Falten
mit Lockenwicklern gestrafft.

Freier Fall

Fallen
in die eigenen Augen
nicht wegsehen können
aus Furcht
all das wieder zu verlieren

Zögernd

flogen meine Gedanken
durch die Nacht
bis hin zu deiner Tür
sah ich:
geöffnet 10-18 Uhr

Wenn ich will
schlafe ich mit dir
jede Nacht

flüchte oder genieße es
einfach

wehren kannst du dich gegen
die Realität
nicht aber
gegen meinen Mut
zu träumen

Zweifel der Sicherheit

Wenn ich mir sicher bin
daß es sicher ist
werde ich dir sicher
die Sicherheit geben.

Solange ich noch zweifle
weil es noch Zweifel gibt
trage ich meine Zweifel hinaus in die Welt
und weiß
ich bin nicht allein
verzweifelt.

Ein Stich

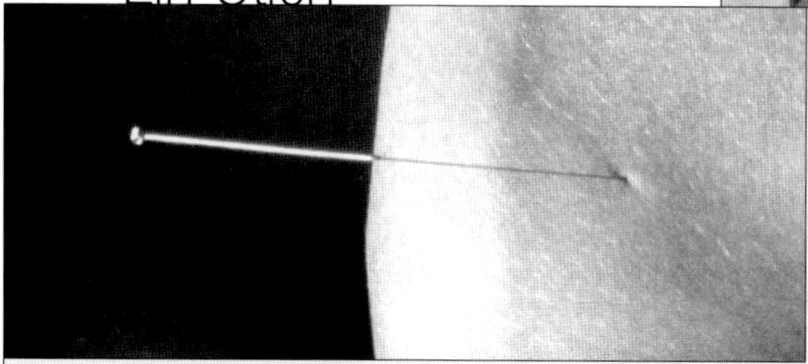

Die Situation, wo es zählt. Drauf ankommt.

Bei allem Respekt vor der Notwendigkeit des Rituals bleibt doch der fade Geschmack von Anpassung, Auslieferung, Druck.

Die Angst – wieder einmal anderen nicht gerecht werden zu können und zu wollen.

Bleibt die Frage,
womit diese Beurteiler ihre Schwerter wetzen.

Prüfung

Als ich erwachte
dachte ich
ich hätte schlecht geträumt.
Als ich aufstand
glaubte ich
der Spiegel lügt
Als ich die verlaufene Schminke abwusch
hoffte ich
geschwitzt zu haben
Als ich den Briefumschlag sah
wußte ich

man hatte mich sterilisiert

Traumverirrt erwache ich

und in mir drin die Leidenschaft
die sich erbricht
in meinen Händen
an kalten
rohen Häuserwänden
die Kinder mit den Ratten spielen
mit Steinen sie auf Fenster zielen
um zu zerstören
was sie hassen
der inn´ren Wut den Freiraum lassen
die Ängste foltern ihre Seelen
die grausam sich nach außen schälen
die Zeit vergeht
bringt sie ins Schwanken
vor hohen Bergen
Scheingedanken
und nirgendwo scheint Licht zu leben
nur graue Schleier sie umgeben
so tanzen sie
und nur die Ratten
so scheint´s
ein bess´res Leben hatten...

Wir

die Huren von vorgestern

die

Jungfrauen von morgen

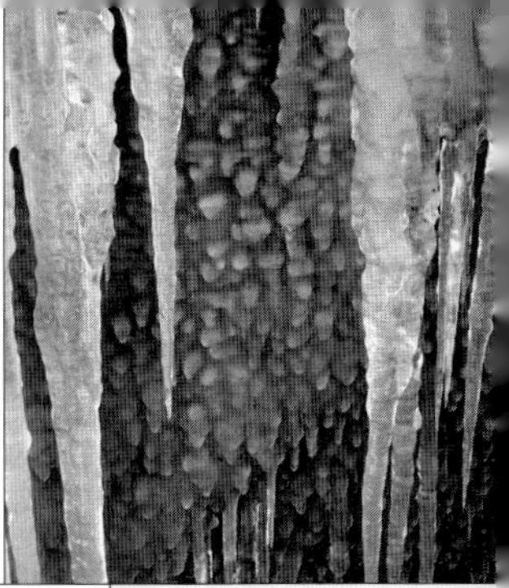

Kälte allein

Eines weiß ich ganz sicher.

Draußen
gibt es viele,
denen es ganz genauso geht.

Das tröstet nicht,
aber es entschärft.

Weil

mein Gegenüber
mir so nah war
konnte ich ihm die Hand
auf die Schulter legen
und sagen
ich sei da
erkannte mich im Spiegelbild
und meine Fingerspitzen
am kalten Glas

Kreuzfahrt

Weit draußen
Lichtermeere tanzen auf Wellen
der Wind
malt mir Tränen aufs Gesicht
ich lasse eine Badehose fliegen
und spüre...
ich war weiter weg
als ich weg war

Du

der du nicht mein Rufen hörtest
in der Nacht
bist du nicht manchmal mit Schrecken erwacht
hast gestöhnt und dich gewunden
mich jedoch nicht mehr gefunden
hast du nicht im Bett gesessen
mich dabei jedoch vergessen
du
der du gut schlafen kannst
während ich im Traum mich winde
du
machst einfach
was du willst
während ich
dich nicht mehr finde

Splitter

Ich erkenne
mich immer wieder
zerstückelt
auf dem Schlachtfeld
der Worte.
Ich
in der Offensive
du
verhalten
schweigend.
Ich
am Boden zerstört
Du
beim Triumphzug
meinen Kopf
schmückend auf dein Bajonett
gepflanzt.

DER EGO IST

TEILE

NICHT
SO GERECHT.
TEILE
FÜR MICH.

Der Verdacht

Ich sah den Schatten
deines Lachens
auf meinem Körper
und wurde verlegen.
Vergrub meine Blicke
unter einem Schleier.
Der Schatten wuchs und wuchs.
Es war nicht der Schatten deines Lachens
sondern deiner Tränen
die auf meinem Körper
Ruhe suchten.

Verwirrung

Traumzerzaust
erschlaffte Nacht
nach rechts geschaut
nach links gedacht
und der Gedanken
nicht mehr Herr
verlor´ne Nacht –
was will ich mehr?

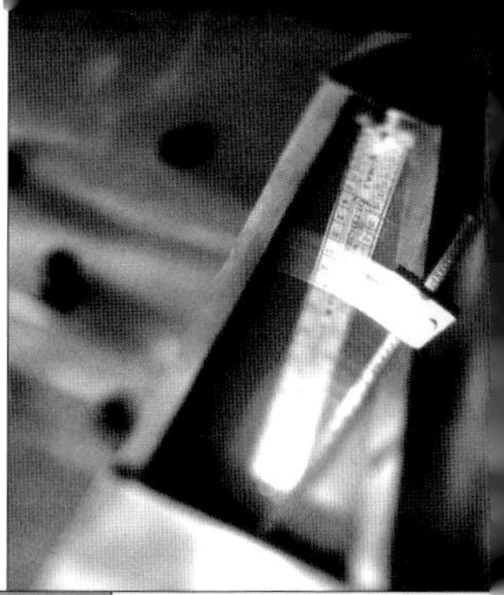

Beharrlich

Das allgegenwärtige Kontinuum unseres Lebens.
Im Hintergrund – Beharrlichkeit und Nimmersatt.
Nicht real, ideell.
Nicht faßbar, lebbar.
Täglich neue Entscheidungen.
Nur Mut.
Der Himmel fällt uns schon nicht auf den Kopf.

Die Zeit

ist meine Feindin
macht mich mürbe
quält mich
lacht mich aus
weiß
ich habe keine Chance gegen sie
liefert mich
der Realität aus
weiß
daß ich ohne sie nicht leben kann
tötet mich langsam
Stück für Stück

Irrtum

Wir glaubten uns in unseren Armen
Tag für Tag
und schliefen uns fort
Nacht für Nacht

Zisy

Ein Freund
gab mir ein Zeichen
ohne Sprache
nur mit Blick
wollt' mich
vor Schmerz bewahren
doch aus Furcht
trat ich zurück
und nach Jahren
unerwartet
steh' ich vor derselben Tür
in mir spiegelt sich sein Lachen
Leben
ruf ich
öffne mir

Was geht bleibt

Still
finde ich
lärmend zu dir
kann ich
sein

was ist
was bleibt
geht

Wenn auch

fast alles käuflich ist
mein Herz
bleibt
zum Fortschenken